AF371222

# LA CHASTE SUZANNE,

### GRAND OPÉRA EN QUATRE ACTES,

### PAROLES DE MM. CARMOUCHE ET F. DE COURCY,

### MUSIQUE DE M. H. MONPOU,

### MISE EN SCÈNE DE M. SOLOMÉ, DÉCORATION DE M. RIVIÈRE.

#### COSTUMES DE M. MARTINET.

Représenté pour la première fois à Paris, sur le théâtre de la Renaissance, le 27 décembre 1839.

## DISTRIBUTION :

| | | | | |
|---|---|---|---|---|
| ACHAB, | vieillards ou sages de | M. DAUDÉ. | | M<sup>mes</sup> FÉDÉ. |
| SÉDÉCIAS, | Babylone......... | M. EUZET. | SUIVANTES................ | LAGRANGE. |
| DANIEL, encore enfant.......... | | M. LABORDE. | | FIGEAC. |
| SUZANNE, épouse de Joakim.... | | M<sup>me</sup> A. THILLON. | | JENNY. |
| DINA, sa première suivante....... | | M<sup>lle</sup> OZY. | | M<sup>mes</sup> CINTI. |
| UN ANGE............... | | M<sup>lle</sup> DAVID. | COMPAGNES................ | COURTOIS. |
| UN JUGE............... | | M. ZIEGLER. | | FIDELINE. |
| JUGES. | | | | BLANCHE. |
| GARDES. — PEUPLE. | | | JEUNES FILLES DE BABYLONE. | |

La scène est à Babylonne, l'an 834, avant J.-C.

# ACTE I.

### LE MESSAGE.

Un vestibule circulaire ; tous les entre-deux des colonnes sont fermés par de riches draperies ; quand elles s'ouvrent, on aperçoit le jardin.

## SCÈNE I.

DINA ET LES AUTRES SUIVANTES, agenouillées, au lever du rideau, et les yeux tournés vers le fond.

### INTRODUCTION.

TOUTES.

Pleure, Israël, sur tes filles captives !
    Dieu du pardon,
    Entends nos voix plaintives !
Quand, du Jourdain, reverrons-nous les rives ?..
    Pleurons, pauvres captives,
    Au souvenir de Sion !..

DINA.

« Chantez, chantez, nous disent nos tyrans,
» Chantez vos hymnes prophétiques !.. »
Ils voudraient voir nos saints cantiques
Profanés par nos conquérans !..

TOUTES, reprenant.

Pleure, Israël, sur tes filles captives !..
    Dieu du pardon,
    Entends nos voix plaintives...
Quand, du Jourdain, reverrons-nous les rives ?..
Pleurons, mes sœurs, au souvenir de Sion !

DINA, regardant à droite.

Suzanne vient... Notre belle maîtresse,
    Toujours en proie à la tristesse,
    Veut, avec nous, implorer l'Éternel...

## SCÈNE II.

### LES MÊMES, SUZANNE.

SUZANNE.

Oui... priez le Dieu d'Israël...
Mais, pour calmer l'effroi qui me tourmente,
Unissez, dans vos vœux, le nom de mon époux
    Au souvenir de la patrie absente...
Pour lui seul, moi, je prie... Allez, éloignez-vous...

*(Les femmes sortent.)*

### AIR.

Je poursuis de mes plaintes
L'oreille du Seigneur...
Chaque jour, à mes craintes,
Ajoute une douleur...
Chaque heure, à mes alarmes,
Donne un nouvel essor...

Mes yeux versent des larmes...
Pourtant, j'espère encor !
Pourtant, pourtant, j'espère encor!
A la voix de nos saints prophètes,
Quand Joakim rassemble des vengeurs,
On met à prix ces nobles têtes,
Que rien n'a pu courber devant nos oppresseurs!..

O toi, que j'adore,
Toi, que mon âme implore,
Reviens près de moi !
Suzanne t'appelle,
Et son cœur fidèle
Veillera sur toi.

Ah ! d'un saint hyménée
Triste destinée !
Seule, abandonnée,
Hélas! j'attends toujours...
A trembler pour tes jours,
Suis-je condamnée!..

O toi, que j'adore, etc.

De l'incertitude,
O tourmens affreux !
Dans la solitude,
Se perdent mes vœux...
Reviens, époux fidèle et tendre ;
Trop long-temps mon cœur t'appela...
Reviens, reviens, ou, pour t'attendre,
Suzanne ne serait plus là !..

O toi, que j'adore,
Toi, que mon âme implore,
Reviens près de moi.
Suzanne t'appelle,
Et son cœur fidèle
Veillera sur toi !

## SCÈNE III.

### SUZANNE, DINA.

DINA.

Voici les deux vieillards... Ces hommes vénérables,
Ces hommes secourables,
Au palais, par vous attendus.
SUZANNE, à elle-même.
Que le calme et la paix, par eux, me soient rendus!..
(Elle fait signe à Dina de s'éloigner.)

## SCÈNE IV.

### SUZANNE ; SÉDÉCIAS, ACHAB, entrant à droite, en cherchant mutuellement à se devancer.

SUZANNE, allant à eux.

Salut, ô les sages des sages...
Vous que suivent partout nos vœux et nos hommages.
ACHAB ET SÉDÉCIAS.
Salut, vous qui savez, ô femme d'Israël,
Que la vertu conduit au Ciel...
(A part, tous les deux.)
Qu'elle est belle ! qu'elle est belle!
Cette beauté, chaste et cruelle !
Il n'est rien, dans les cieux,
D'aussi beau que ses yeux !..

SUZANNE.
Digne Achab, j'attendais avec impatience...
ACHAB, joyeux.
Quoi, c'était moi ?
Quoi, c'était moi ?..
SUZANNE.
Noble Sédécias, votre seule présence...
SÉDÉCIAS, joyeux.
Quoi, c'était moi ?
Quoi, c'était moi ?..
(Ensemble, à part.)
Ce n'est pas lui ; c'est moi, c'est moi...
(Haut, tous deux.)
Et puis-je enfin savoir pourquoi ?..

SUZANNE.
Pour que votre sainte parole
M'enseigne un plus doux avenir,
Dans la douleur qui me désole,
Tous deux, je vous ai fait venir...
ACHAB, désappointé.
Quoi, tous les deux ?..
SÉDÉCIAS, de même,
Un seul de nous, je pense,
Avait assez d'expérience...
SUZANNE.
Du sort de Joakim n'avez-vous rien appris ?..
ACHAB.
Rien.
SÉDÉCIAS.
Rien...
SUZANNE.
Le doute enchaîne mes esprits,...
Faut-il donc que j'implore,
D'un tyran que j'abhorre,
A deux genoux,
Le pardon d'un époux !..
ACHAB.
Rassurez-vous...
SÉDÉCIAS.
Consolez-vous...
SUZANNE.
Ce pardon, je le sais, Joakim le repousse...
Il veut vaincre ou mourir ; mais s'il meurt, je mourrai.
ACHAB.
Que votre cœur soit rassuré...
SUZANNE.
Aux affligés, l'espérance est bien douce...
SÉDÉCIAS.
Non, non, vous n'irez pas devant ce roi jaloux,
Courber un front si doux.
Joakim nous est cher...
ACHAB.
Nous voulons vous le rendre.
SUZANNE.
Se pourrait-il !..
SÉDÉCIAS.
C'est nous, sans plus attendre,
Qui, du Roi, tous les deux, fléchirons le courroux...
SUZANNE.
Dieu vous conduise, espoir de Babylone;
A votre voix, que le tyran pardonne.
ACHAB et SÉDÉCIAS.
Si Dieu nous guide, et si le Ciel l'ordonne,

Il faudra bien que le tyran pardonne.
Et vous, n'oubliez pas, ô femme d'Israël,
Que la vertu, c'est la fille du Ciel...
(A part, tous les deux.)
Qu'elle est belle! qu'elle est belle!
Cette beauté, chaste et cruelle!
Il n'est rien, dans les cieux,
D'aussi beau que ses yeux!..

SUZANNE.

Mon cœur bat d'avance,
Car,
Grace à vous, je vais voir
Calmer ma souffrance,
Par
Le plus doux espoir.

SÉDÉCIAS et ACHAB.

Ayez confiance...
Car
Votre cœur pourra voir
Calmer sa souffrance
Par
Le plus doux espoir!

(Suzanne s'éloigne en leur faisant des signes d'adieux et de remercî-
mens. Les deux vieillards la regardent partir d'un œil de convoi-
tise. Achab va pour le suivre, Sédécias l'arrête.)

## SCÈNE V.

### ACHAB, SÉDÉCIAS.

ACHAB, à part, regardant à droite.

Pour Suzanne, bientôt, voici l'heure du bain...

SÉDÉCIAS, de même.

Voici l'heure où, du Roi, va s'ouvrir l'audience...

ACHAB, à part.

Ce cher Sédécias, j'aimerais son absence...

SÉDÉCIAS, à part.

Achab va-t-il rester ici jusqu'à demain?..
(Haut, d'un ton hypocrite.)
Vous avez vu Suzanne!.. elle est bien malheureuse!

ACHAB, de même,

Oui... sa peine est affreuse.

SÉDÉCIAS.

Les larmes finiront par flétrir ses attraits.

ACHAB.

La douleur est empreinte, hélas! sur tous ses traits.

SÉDÉCIAS.

L'avez-vous bien envisagée?
N'est-il pas vrai qu'elle est changée?..

ACHAB.

Méconnaissable, sans attraits...

TOUS DEUX, à part.

Plus belle que jamais!
Plus belle que jamais!

SÉDÉCIAS.

Il serait noble et généreux, à nous,
De lui rendre l'époux qu'elle aime...

ACHAB.

Je pense comme vous,
Oui, je pense de même.

SÉDÉCIAS.

Un courageux effort,
Un intérêt sublime,
D'une chère victime,

Nous font plaindre le sort.
Courons, tous deux, aux pieds du grand, du magna-
(nime
Nabuchodonosor!..
(Ils vont pour sortir.)

ACHAB.

Oui, tous les deux, courons...
(S'arrêtant.)
Eh! mais, j'y pense...
Allez-y le premier...

SÉDÉCIAS.

J'allais vous en prier...

ACHAB.

Qui? moi?.. sur vous la préséance!..
Non, non, jamais...

SÉDÉCIAS.

A la cour, on le dit,
Vous avez du crédit.

ACHAB.

Vous aussi.

SÉDÉCIAS.

Moins que vous,
Et n'en suis pas jaloux.

ACHAB.

Le roi connaît, le roi redoute
Votre empire sur les Hébreux...

SÉDÉCIAS.

Sans doute, sans doute;
Mais, en tout temps, ce prince généreux,
Ce sont vos conseils qu'il écoute.

ACHAB.

Sans doute, sans doute...
Il vous craint...

SÉDÉCIAS.

Il vous aime... et cela vaut bien mieux.
Votre vertu le touche,
Ce tyran farouche...

ACHAB.

Ma vertu?.. vous croyez?..

SÉDÉCIAS.

Je le croi, je le croi.

ACHAB.

La vérité, qui sort de votre bouche,
Et toujours, et partout...

SÉDÉCIAS.

Vous croyez?..

ACHAB.

Je le croi.
La vérité, c'est si beau pour un roi!..
(A part.)
Ah! jamais je n'ai vu de vieillard plus tenace!..
J'ai beau dire, il ne s'en va pas!

SÉDÉCIAS, à part.

Feignons de lui céder la place,
Et cachons-lui mon embarras...

TOUS DEUX, à part.

Si je m'en allais,
Et si je feignais
D'aller au palais?..
Puis, je reviendrais.
Mais il me suivrait,
Ou bien, resterait...
Car il est, ma foi,
Aussi fin que moi.
Lui, rester ici!..

Non, non, Dieu merci,
Il vaut encor mieux
Partir tous les deux.

ACHAB, haut.

Puisque le même but, en ce jour, nous rassemble,
A la cour, je le vois, il faut aller ensemble!..

ENSEMBLE.

Oui, partons tous deux!..
Quel plaisir extrême!
Nous pensons de même...
Non, autre moi-même,
Donnez-moi la main.

(A part.)

O vieillard tenace!
Mais payons d'audace;
Je vais, quoi qu'il fasse,
Le perdre en chemin.

TOUS LES DEUX, haut en sortant.

Allons,
Partons, partons!..

(Ils sortent tous les deux, à gauche, après avoir fait beaucoup de fa-
çons, à qui sortira le premier, et en jetant vers la droite des regards à la dérobée.)

## SCÈNE VI.

DANIEL, seul, en costume de berger chaldéen.

(Il soulève une draperie du fond, regarde de tous côtés, et vient en
scène mystérieusement.)

Ils ne m'ont pas suivi ?.. non... enfin, je respire...
J'ai trompé les gardiens... ô bonheur! je puis dire
Que Dieu lui-même, ici, m'a conduit par la main!..
De ce palais j'ai pu franchir l'entrée ;
Oui, me voilà dans l'enceinte sacrée,
Qui dérobe Suzanne à tout regard humain.
Maintenant, sans péril pour elle,
Comment me montrer à ses yeux?..
Comment remplir mon message fidèle,
Mon message mystérieux !..

### CAVATINE.

Comment, dans ma jeune âme,
Soutenir, à la fois,
Le regard d'une femme,
Et le son de sa voix !..
Moi qui n'ai, dans le monde,
Entendu que l'écho,
Le murmure de l'onde,
Ou le chant de l'oiseau...
Moi, dont la fleur éclose
Seule a charmé les yeux...
Ici-bas, moi qui n'ose
Contempler que les cieux...
Comment la regarder,
Elle,
Qu'on dit si belle !..
Et comment me garder
De parler,
Sans trembler ?..
Comment, dans ma jeune âme,
Soutenir, à la fois,
Le regard p'une femme,
Et le son de sa voix !..

(S'avançant à droite.)

Mais, pourtant, il le faut... Une femme! on m'a vu!
(Il s'arrête.)
Fuyons, fuyons... tout est perdu...

(Il va pour s'éloigner.)

## SCÈNE VII.

DANIEL, DINA, accourant par la droite.

### DUETTINO.

DINA.

Un homme en ces lieux !
Vraiment, c'est affreux !
C'est abominable!
C'est épouvantable !
Comment se peut-il ?..
Pour nous quel péril !..
(S'approchant.)
Mais qu'il est donc gentil !
Comme il a l'air aimable !..

DANIEL, suppliant.

Je suis malheureux...
Au nom des Hébreux,
Soyez charitable.
Si je suis coupable,
C'est sans le vouloir...
Si je suis coupable,
C'est sans le savoir !..
Je suis malheureux...
Au nom des Hébreux.
Soyez charitable!
Dans un tel péril,
Votre cœur peut-il
Être inexorable ?..

DINA, s'approchant encore, et le regardant.

Oui... ce n'est qu'un enfant, quel air naïf et doux!
Votre nom ?..

DANIEL, baissant les yeux.

Daniel.

DINA.

Et... qui donc êtes-vous ?

DANIEL.

Un berger chaldéen, enfant de Babylone,
Ayant recours au Ciel, quand chacun l'abandonne.

DINA.

Un petit devin... se peut-il ?..
Mais voyez donc, qu'il est gentil !

DANIEL, hésitant.

Auprès de la belle Suzanne...
Je voudrais... je voudrais être admis ?..

DINA, très étonnée.

Près de Suzanne ?.. oh ! le petit profane !..
Cela n'est pas permis.

DANIEL.

Près d'elle, un seul instant, laissez-moi pénétrer...

DINA.

Non, sur vous et sur moi ce serait attirer,
Un châtiment terrible !..

DANIEL.

Eh bien ! puisqu'à mes vœux, vous êtes insensible,
Remettez-lui, du moins, en secret, cet anneau...
(Il lui présente un anneau.)

DINA, hésitant à le prendre.

Un anneau ?.. je ne sais...

DANIEL.

Ce message
Est un gage,
Dont son cœur comprendra bien vite le langage,
Et qui doit sur son sort jeter un jour nouveau.

DINA.

Un gage de bonheur?.. oh! cela m'encourage.
(Ell prend l'anneau.)

DANIEL, faisant signe de s'éloigner.

Plus tard, je reviendrai...

DINA, d'un ton de regret.

Quoi, vous allez partir?..

DANIEL.

On me renvoie... il faut bien obéir...

DINA.

Je n'ai pas dit cela... d'ailleurs, quelle imprudence !
De ce palais, on vous verrait sortir...
Et puis...

DANIEL.

Et puis...

DINA.

A tout je pense,
Vous ne pourriez plus revenir.

DANIEL.

Mais, alors, comment faire?..

DINA.

Là-bas, avec mystère...
(Elle lui indique l'endroit où il doit aller se cacher.)

## SCÈNE VIII.

Les Mêmes ; Toutes les suivantes, entrant de diffé-
rens côtés, au moment où Daniel allait sortir.

### FINALE.

TOUTES.

Un homme en ces lieux !
Vraiment c'est affreux !
C'est abominable !
C'est épouvantable !
Comment se peut-il ?,.
Pour nous quel péril!..
(Entourant Daniel, et le regardant.)
Mais qu'il est donc gentil!
Qu'il a l'air aimable!

DANIEL, les suppliant tour-à-tour.

Je suis malheureux...
Au nom des Hébreux,
Quand le sort m'accable,
Soyez charitable.
Dans un tel péril,
Votre cœur doit-il,
Votre cœur peut-il,
Être inexorable?..

DINA, à elle-même.

Surpris en ces lieux,
Là, seuls, tous les deux!..
C'est abominable!
C'est épouvantable!
Pour moi quel péril !
Ah! pourquoi faut-il?..
Plus il est gentil,
Plus j'ai l'air coupable!..
(Haut.)
N'ayez pas peur de lui... c'est un petit berger...

TOUTES.

Un petit berger?..

DINA.

Je viens de l'interroger...

Il sait lire dans les astres...

TOUTES, l'interrompant.

Il sait lire dans les astres?,.
Que c'est beau! que c'est beau!..

DINA, continuant.

Tout en guidant son troupeau...

TOUTES.

Que c'est beau! que c'est beau !..

DANIEL, bas à Dina.

Et Luzanne?.. et l'anneau?..

DINA, à ses compagnes.

Il prédit l'avenir, le bonheur, les désastres...

TOUTES.
(A Daniel.)
Il prédit l'avenir!.. Apprenez-moi le mien...
(Elles l'entourent.)
Et surtout ne me cachez rien.

DINA, qui a regardé à droite.
(A Daniel.)
Fuyez, fuyez... et, vous toutes, silence!..
Le chef de nos gardiens de ce côté s'avance...

TOUS.

Oh! ciel!..

DINA, bas à Daniel.

Au fond du jardin,
Soudain,
Vite cachez-vous,
Pour tous.
Le feuillage épais,
En paix,
Vous protégera,
Par là...
Pas un geste, un mot ;
Bientôt,
Moi, je reviendrai,
J'irai,
Messager discret,
Secret,
Vous dire là-bas,
Tout bas,
Ce que Suzanne, en
Voyant,
Berger, cet anneau
Si beau,
Seule m'aura dit,
Sans bruit.

DANIEL, à lui-même.

Au fond du jardin,
Soudain,
Vite cachons-nous
Pour tous...
Le feuillage épais,
En paix,
Me protégera,
Par là...
Pas un geste, un mot...
(A Dina.)
Bientôt,
Vers moi revenez ;
Venez,
Messager discret,
Secret,
Me dire, là-bas,
Tout bas,
Ce que Suzanne, en
Voyant
Cet anneau,
Si cher, si beau.

Joyeuse, aura dit,
Sans bruit...

LES SUIVANTES.

Du palais et du jardin,
Ah! qu'il s'éloigne soudain...
Ce pauvre petit berger,
Il courrait trop de danger!
Notre cœur sera discret,
Nous garderons le secret;

Mais ne plus le voir, hélas!
C'est dommage, n'est-ce pas?..
Il est si jeune et si beau!
Pour nous c'était si nouveau!
(Prêtant l'oreille.)
Mais on vient... il fuit,
Sans bruit.

(Pendant ce finale, on a entendu la marche des gardes, à droite d'abord, puis à gauche, en dehors; Daniel s'éloigne, par la droite, en faisant des signes d'intelligence à Dina. Toutes les suivantes le regardent partir avec regret.)

FIN DU PREMIER ACTE.

# ACTE II.

LE BAIN.

Le tableau représente une partie ombreuse des jardins. Au deuxième ou troisième plan, le milieu de la scène est occupé par une pièce d'eau qui est censée se prolonger vers la droite. La droite est dominée par un rocher d'où s'échappe une source d'eau vive et formant une grotte, dont l'entrée principale fait face au public, et qui a une autre issue. Les eaux sont environnées d'arbres et garnies d'épais roseaux, des cèdres, des nopals, des aloës; parmi ces arbres, deux sont praticables, c'est un palmier et un figuier. Des tentures orientales se soulevant à volonté, sont suspendues à des branches pour servir de voiles contre les ardeurs du soleil. Çà et là des vases de fleurs et de parfums; au fond, derrière la pièce d'eau, un pont praticable; à gauche du public, l'entrée des galeries du palais de Suzanne.

## SCÈNE I.

SUZANNE, DINA. Elles arrivent du palais.

SUZANNE.
O Dina, quel espoir!

DINA.
Vraiment, que dites-vous?
Quoi, c'est l'anneau de votre époux!..

SUZANNE.
L'anneau qu'Assuérus, vaincu par la tendresse,
Aux jeunes mains d'Esther, vint offrir à genoux,
Oh! oui, l'anneau royal lui causa moins d'ivresse
Que ne m'en donne, ici, l'anneau de mon époux.
Comment le Ciel a-t-il permis
Que ce trésor, en tes mains, fut remis?

DINA.
Un jeune et bel enfant, Chaldéen et berger,
Tout à l'heure, en secret...

SUZANNE, vivement.
Je veux l'interroger.
A mes yeux, qu'il paraisse...

DINA, jouant l'embarras.
Je l'avais renvoyé... mais... s'il vous intéresse...
Peut-être... en cherchant bien... pour vous, je vais
(tâcher...
(A part.)
Ne disons pas, surtout, que je l'ai fait cacher!

SUZANNE, l'arrêtant.
Voici mes suivantes... Silence.
Cachons un tel secret!..

DINA.
Comptez sur ma prudence.

## SCÈNE II.

LES MÊMES, LE CHOEUR DE FEMMES.*

LE CHOEUR.
Tout est prêt pour le bain de Suzanne,

* A la représentation on passe la première scène, et l'acte commence par l'arrivée des suivantes.

Les doux parfums, les tissus et les fleurs...
Allons, mes sœurs,
Près du bois d'aloës, à l'ombre du platane,
Venez, mes sœurs,
Du soleil d'Orient, éteindre les ardeurs.
(Suzanne suit le chœur, qui se dirige par la gauche.)

ACHAB, arrive mystérieusement et se retourne.
Dans le palais du Roi, j'ai perdu mon rival...
J'ai marché, j'ai couru... plus leste qu'un chacal
Dépistant le chasseur, et qui vient, plein de joie,
Pour retrouver le gîte... et dévorer sa proie!..
Tandis qu'il va prier Nabuchodonosor,
Moi, je vais me jeter aux pieds de ce trésor...
(Il montre le bain.)
Ce tour-là vaut de l'or!
Je crois la ruse bonne.
Au plus flatteur espoir,
Mon ame s'abandonne.
Enfin, enfin, j'aurai ce doux trésor.

## SCÈNE III.

ACHAB, SÉDÉCIAS, arrivant sans voir Achab, qui fait sa ronde pour observer les lieux.

SÉDÉCIAS, se retournant.
Je n'ai point par bonheur, ce soir, perdu mes pas.
Achab est au palais; il ne reviendra pas!..
J'ai couru, par ma foi, comme un vrai dromadaire.
Quand l'amour nous soutient, quel chemin on peut
Achab prie, à genoux, Nabuchodonosor, (faire!
Et moi, comme un avare, auprès de son trésor...
Ce tour-là vaut de l'or!
Je crois la ruse bonne.
Au plus flatteur espoir,
Mon ame s'abandonne.
Enfin, enfin, j'aurai ce doux trésor.

TOUS DEUX, à part.
Mais, observons... prenons bien garde...
Voyons si nul ne me regarde...

**DUO BOUFFE.**

ACHAB, de loin, l'apercevant, et à part.

Adonaï... qu'ai-je donc vu ?

SÉDÉCIAS, de loin, reculant de surprise, et à part.

Par Moïse! qu'ai-je aperçu!
(Il va se cacher.)

ACHAB, regardant du coin de l'œil, et de loin.

Sédécias !.. c'est sa tournure.

SÉDÉCIAS, de même.

Du vieil Achab, c'est la figure !
(Ils se regardent de loin en se tournant le dos.)

ACHAB.

Voilà bien, plus de doute,
Ses longs bras amaigris...

SÉDÉCIAS.

Voilà bien, plus de doute.
Ses yeux ternes et gris!

ACHAB.

Son vieux dos qui se voûte!

SÉDÉCIAS.

Son regard de souris !

ACHAB.

Et ses longs cheveux gris!

SÉDÉCIAS.

Et ses traits rabougris.

TOUS DEUX.

J'enrage !..
O rage !..
O vieux démoniaque,
Nous sommes donc rivaux.
Il m'enlace, il me traque !..
Vraiment, du Zodiaque,
On dirait les gémeaux !..

ACHAB.

Quoi, vous ici !

SÉDÉCIAS.

Et vous aussi !

ACHAB.

Et vous aussi.

SÉDÉCIAS.

Quand au palais...

ACHAB.

Je vous croyais.

TOUS DEUX.

Ah ! c'est affreux!
Car, en ces lieux,
Nul curieux
Ne doit porter ni ses pas ni ses yeux.

ACHAB.

Moi, j'y venais pour vous surprendre!

SÉDÉCIAS.

Moi, j'y venais... pour vous attendre !

TOUS DEUX.

Ah ! vous mentez?

TOUS DEUX.

Vieillard profane !

TOUS DEUX.

J'y venais,

TOUS DEUX.

C'est pour Suzanne !
O rage!
J'enrage !

ACHAB.

Oh ! vieux démoniaque,
Nous sommes donc rivaux.
Il m'enlace, il me traque
Comme un loup les agneaux;
Comme, au laurier d'Ithaque,
S'unissent les rameaux ;
Comme, au champ Syriaque,
Se suivent les chameaux...
Vraiment, du Zodiaque,
On dirait les Gémeaux !

SÉDÉCIAS.

O vieux démoniaque!
Chacun de nous, rivaux,
Poursuit l'autre, le traque,
Et l'enlace, à propos,
Comme, au laurier d'Ithaque,
S'enlacent les rameaux;
Comme, au champ Syriaque
Se suivent les chameaux;
Comme, au grand Zodiaque,
Se tiennent les Gémeaux.

ACHAB, ne se contenant plus.

Eh bien... je l'aime !..

SÉDÉCIAS, riant.

Vous ! de l'amour, est-il possible !

ACHAB.

Tout comme vous, je suis sensible!

ACHAB.

Vous ?

SÉDÉCIAS.

Moi !

ACHAB.

Vous ?

SÉDÉCIAS.

Moi !

Et pourquoi pas?

ACHAB.

Il dit pourquoi !
Ha ! ha ! vieux fou !

SÉDÉCIAS.

Ha ! ha! vous !

ACHAB.

Toi !

SÉDÉCIAS.

A soixante ans !

ACHAB.

J'ai plus de droits à sa tendresse.

SÉDÉCIAS.

Vous ? vous avez le droit d'aînesse !..

ENSEMBLE.

Vieux têtu !
Vieux barbu!

SÉDÉCIAS.

Vous avez déjà vu douze lustres entiers,
Et quand je mourrai de vieillesse,
Mettez bien vite ordre à votre richesse,
Et partagez entre vos héritiers,
Vos troupeaux, votre vigne et vos champs d'oliviers.

ACHAB.

Sept ans plutôt que moi tu naquis à Béthléem,
Vieillard déjà, l'âge à la mort te livre,
Moi, je suis jeune, et je suis sûr de vivre.
Plus que David, roi de Jérusalem.

Peut-être deux cents ans...

SÉDÉCIAS, se moquant.

Peut-être trois cents ans ?

ACHAB.

Peut-être neuf cents ans , comme Mathusalem ;

SÉDÉCIAS.

Toi , de l'amour... ô vieil Amalécite !

ACHAB.

Comme David avec la sulamite !..
Croyez mon conseil, vieux rabbin,
Par le démon, votre âme est absorbée !

SÉDÉCIAS.

Comme David , il veut, au bain
Surprendre une autre Bethzabée,
Renoncez-y !

ACHAB.

Jamais !

SÉDÉCIAS.

Jamais !

ACHAB.

N'y songez plus !

SÉDÉCIAS.

Jamais !

ACHAB.

Jamais !

Ou je dévoile vos secrets ,

SÉDÉCIAS.

Ou je dénonce vos projets.

ACHAB.

Vous le feriez ?

SÉDÉCIAS.

Je le ferais !

ACHAB.

Et vous mourriez si je disais...

SÉDÉCIAS.

Et vous mourriez si je parlais...
Et j'en serais
inconsolable.

ACHAB.

Eh bien ! faisons ici la paix.

SÉDÉCIAS.

D'accord , oui, c'est bien préférable.

ACHAB.

Unissons-nous...

TOUS DEUX.

Tous les deux ?.. j'y songeais !
Je le jure, ô mon frère !
Par ma barbe et mes yeux,
D'une amitié sincère,
Resserrons les doux nœuds,
Embrassons-nous mon frère !

(Ils s'embrassent.)

Silence, on vient... chut ! il me semble..
De frayeur, ah! je tremble !
Protége-nous, Dieu des Hébreux !
Toi, plutôt, Dieu des amoureux !
Cachons-nous... mais comment !..
Cachons-nous !.. promptement.

(Ils cherchent ; l'un grimpe sur un figuier , l'autre se blottit derrière
un buisson de népals.)

## SCÈNE IV.

SUZANNE, quelques-unes de ses compagnes.

CHŒUR, dans la coulisse.

Venez, ô filles de Sion,
Jouer aux bords de cette rive,
Comme on voit, des murs de Ninive,
L'Euphrate, écumant sur la rive,
Attirer l'aile fugitive
Du blanc et léger alcyon.
Pour braver les feux d'Orient !
Venez en foule,
Dans l'eau qui coule,
Que votre essaim joyeux se balance et se foule
En se riant,
Pour braver les feux d'Orient !
Laissons, mes sœurs, sur cette rive,
L'acier qui réfléchit vos traits,
Le pur cristal de cet eau vive,
Est un miroir pour vos attraits !
Au loin, tissus brillans de Tyr,
Au loin, la perle et le saphir,
Et que la tunique légère,
Sur la branche flotte à loisir.
Comme une voile passagère,
Qui s'enfle au souffle du zéphir.

( Suzanne donne l'ordre d'ouvrir les rideaux... On aperçoit alors les
femmes au bain, les unes sont dans le bassin, d'autres sont dans
des hamacs, d'autres jouent de leur théorbe ; quelques-unes sont
couchées. En voyant ouvrir les tentures, elles poussent un cri et
font un mouvement d'effroi.)

SUZANNE.

Vous êtes seules, n'ayez pas peur,
L'oiseau frivole,
Au loin s'envole,
Pour rassurer votre pudeur,
L'insecte s'éloigne et bourdonne,
Le papillon seul, demeure et s'étonne,
Et moins timide que l'oiseau,
Croit voir, en vous voyant si belles,
Des fleurs nouvelles,
Écloses d'une goutte d'eau.

LE CHŒUR.

Dans le hamac, en l'air penchées,
Balançons-nous au gré du vent...
Comme des feuilles détachées,
Dans le bain mollement couchées,
Laissons-nous aller en rêvant,
Au gré des flots , au gré du vent.

SUZANNE.

Balançons-nous, c'est l'heure,
Où des rêves d'or d'escendent sur nous.
Où le hamac effleure
Des bords plus embaumés, et des flots plus doux.
Ah ! quel charmant feuillegee,
Quel frais ombrage !..
Miroir heureux,
L'onde si claire,
Offre à nos yeux,
L'or de la terre,
L'azur des cieux !

LE CHŒUR.

Dans le hamac, etc.

Vierge naïve et pure,
Ici, tout est désert ; tu peux oublier
Cette chaste ceinture.

Qu'un jour bientôt l'hymen seul doit délier,
Laisse à l'arbre qui penche,
Ta robe blanche,
Loin! perles et saphyr,
Tissus légers de Tyr,
Allez, flottez au souffle du zéphir.

LE CHOEUR.

Dans le hamac, etc.

SUZANNE.

Allez, allez, mes sœurs chéries,
Et laissez-moi seule à mes rêveries.
(Les femmes disparaissent par la droite.)

## SCÈNE V.

SUZANNE, ACHAB, SÉDÉCIAS ; ensuite DANIEL.

SÉDÉCIAS.

Elles s'en vont...

ACHAB.

Tant mieux pour nous,
Je sentais manquer mes genoux.

DANIEL, paraissant.

Ils sont deux... Qu'ai-je vu?
(Il se tient à l'écart et disparaît, puis reparaît tour à tour.)

ACHAB et SÉDÉCIAS, regardant le bain et se disposant à y aller.
A voix basse.

Tout bas, dis-moi, mon ame
Dis-moi ce que je sens?
Oh! quelle flamme
Brûle mes sens!..

DANIEL.

Ah! quelle horrible trame,
Et qu'est-ce que j'entends!
D'amour, la flamme
Brûle leur sens !

ACHAB.

Mon pied chancelle... ah! que mon cœur me guide.

SÉDÉCIAS.

Approchez donc...

ACHAB.

Vraiment j'ai peur...

SÉDÉCIAS, raillant.

La jeunesse est toujours timide !
Eh bien! je vais...
(Il va pour passer devant lui.)

ACHAB, ne voulant pas qu'il passe le premier.

Non, non!.. tous deux !

DANIEL, qui les observe, à part.

J'ose à peine en croire mes yeux.

LES DEUX VIEILLARDS, qui ont soulevé un coin de la tenture,
et qui la laissent retomber.

Mon ami! quel aspect sublime !..
Ah! c'est un coup-d'œil radieux !..

DANIEL, qui allait s'avancer, et réprime un mouvement involon-
taire.

Oh! j'allais partager leur crime!
Par Joseph, détournons les yeux!
(Il s'éloigne par le fond, et passe sur le pont de gauche à droite, en
évitant d'être vu par les vieillards.)

LES DEUX VIEILLARDS, électrisés.

Allons !
(Ils relèvent la draperie.)

Suzanne !

SUZANNE, sortant d'une profonde rêverie  avec un grand cri d'effroi et s'enveloppant de son voile.

O ciel!..

LES DE   VIEILLARDS.

Silence! taisez-vous!

SUZANNE, qui cherche à fuir.

Que voulez-vous ?.. Que voulez-vous ?

LES DEUX VIEILLARDS.

Ne fuyez pas! ne fuyez pas!

SUZANNE.

N'approchez pas, n'approchez pas!

LES DEUX VIEILLARDS.

Quel teint! quels yeux! quel corps! quels bras!

SUZANNE.

Vous m'effrayez!

LES DEUX VIEILLARDS.

Ne tremblez pas.
Quand mon œil te dévore,
Oh! Suzanne, j'implore,
Un seul regard encore !
De grace, écoute nous...

SÉDÉCIAS.

Ne me fuis pas! Je t'aime!

SUZANNE, reculant d'un pas.

Vous!..

ACHAB.

Moi, je t'adore!

SUZANNE, plus surprise.

Vous!..

SÉDÉCIAS.

Et je t'implore !

SUZANNE, avec un étonnement d'indignation.

Vous !...

LES DEUX VIEILLARDS.

Tous les deux... oui, nous, nous !

SUZANNE.

Oh! non, dites que non... c'est une épreuve horrible,
N'est-il pas vrai ?

ENSEMBLE.

SUZANNE.

Vieillards, ma voix voue prie.
Mes pleurs vous toucheront,
A l'honneur de ma vie,
Epargnez cet affront.

DANIEL.

Si chaste, elle supplie,
La pudeur sur le front,
Son honneur, c'est sa vie,
Ses pleurs les toucheront.

LES DEUX VIEILLARDS.

En vain ta voix nous prie,
Tous deux nous t'adorons ;
Ton honneur ou ta vie,
Aujourd'hui nous l'aurons.

LES DEUX VIEILLARDS, menaçant.

Cède à nos vœux, ou nous t'accuserons ;
Et ton honneur, nous le perdrons.

SUSANNE, dignement.

Vos menaces, ici, n'ont rien qui m'épouvante,
Là-haut, Dieu le saura, Suzanne est innocente...
Vous souillez ce palais par votre souffle impur...

SÉDÉCIAS, se fasant violence.

Il est trop tard, crois-moi, céder est le plus sûr!

SÉDÉCIAS.

Et quand ma voix t'implore,
A genoux je t'implore...

ACHAB.

Et! quoi, quand je t'adore,
Quand mon œil te dévore.

SUZANNE.

Quoi! vous osez encore...
Éloignez-vous...

TOUS DEUX.

Tais-toi !

SUZANNE.

Ou j'appelle ici.

TOUS DEUX.

Toi !

SUSANNE.

Je vous accuse.

TOUS DEUX.

Toi !

SUSANNE.

Je puis vous perdre.

LES VIEILLARDS.

Toi ?

Pauvre femme !

SUSANNE.

Oui, moi !

LES VIEILLARDS.

Tout Babylone, va, croit à nos témoignages
Que peux-tu contre nous... vieillards, juges et sages !
Cède à nos vœux ! de nous dépend ton sort...
Cède à nos vœux !

SUZANNE.

Plutôt cent fois la mort !

TOUS DEUX.

Imprudente !

SUZANNE.

Au secours ! à moi !..

LES VIEILLARDS.

Je tremble... de rage... d'effroi !

SUZANNE, qu'ils veulent vainemen empêcher de crier.

A moi ! Dina ! Dina ! mes femmes !..

LES VIEILLARDS.

Quoi ! des témoins ! tu les réclames !
Tu te refuses à nos vœux,
Ton déshonneur ! quoi, tu le veux !
Tremble !., c'est la mort que tu veux !..

LES VIEILLARDS.

Eh bien !.. tu le veux ?.. tu le veux ?
(Appelant avec force.)
A nous ses serviteurs !.. à nous, à nous, Hébreux !..

## SCÈNE VI.

Les Mêmes, Les Femmes, r'habillées, arrivent par la gauche ; Les Parens, Les Serviteurs, Hommes, par la droite.

LES FEMMES, entrant en désordre et s'appelant les uns, les autres.

### FINAL.

LES HOMMES, accourant pêle-mêle.

Pourquoi ces cris d'alarmes ?
Qu'est-ce donc, nous voici !
Nous accourons soudain...
Quelques larrons en armes
Sont-ils dans ce jardin ?

Au moment où la foule va remonter, les deux vieillards s'avancent d'un air de dignité.

SÉDÉCIAS.

Fils d'Israël...

LE CHŒUR GÉNÉRAL s'ouvre et s'incline avec respect.

Les deux sages de Babylone!

SUZANNE, indignée.

De respect on les environne!

LES VIEILLARDS.

Silence ! écoutez-nous !

LE CHŒUR.

Le respect nous l'ordonne.

SÉDÉCIAS, avec dignité.

Ici, mieux eût valu qu'un tigre eût pu paraître ;
Qu'un larron eût pillé les fruits de votre maître,
Le vin de son pressoir, des troupeaux, la toison...
Le déshonneur n'eût point profané sa maison !

TOUS LES CHŒURS.

Le déshonneur ?..

ACHAB.

Sur le sommet voisin,
Nous implorions tous deux l'Éternel... quand, soudain,
Nous avons vu paraître en ce jardin
Un homme, un inconnu qui se glissait près d'elle...

SÉDÉCIAS.

Avec effroi nos yeux ont surpris l'infidèle !..

SUZANNE.

Ah ! ne le croyez pas !

TOUS.

Un homme était près d'elle.

LES DEUX VIEUX.

Nous l'avons vu, vous dis-je,
Tous deux, de nos regards ;
Nulle erreur, nul prestige
N'a trompé vos vieillards.

CHŒUR.

Vous vous trompez, vous dis-je.
Se peut-il, ô vieillards,
Une erreur, un prestige
trompé vos regards !

DINA, à part rapide

Si c'était mon berger... oui, c'était lui sans doute...
Pour qu'il puisse échapper, ah ! montrons-lui la route.
(Elle sort sans être vue.)

SUZANNE.

De la vertu
Moi si jalouse,
Quoi, j'aurais pu .
Coupable épouse,
Moi, j'aurais pu trahir ma foi,
Mon époux ! oh ! mais croyez-moi !

CHŒUR.

Non, elle a dû,
Fidèle épouse,
De sa vertu rester jalouse.

LES VIEILLARDS.

Nous l'avons vu,
Coupable épouse,
De sa vertu
Trop peu jalouse.

LES VIEILLARDS, avec malice.

Notre voix vous accuse, et nul ne vous défend !

SUZANNE, avec noblesse.

Mon défenseur... c'est Dieu qui nous entend.

LES UNS DU CHŒUR, à mi-voix.

Ce crime serait bien possible.

LES AUTRES, plus haut.

Non, non, ce crime est impossible.

## SCÈNE VII.

LES MÊMES DANIEL et DINA sur le pont, au fond
du théatre.

DINA, conduisant Daniel sur le pont, de droite à gauche.

Fuyez tous les regards que, pour vous, je redoute.

DANIEL, sur le pont

Adieu! bientôt je reviendrai, sans doute.

(Il disparaît.)

LES VIEILLARD le montrant aux chœurs.

Eh mais! voyez, voyez là-bas...
Un inconnu fuit à grands pas!

LE CHOEUR, se précipitant, et le montrant.

Un inconnu qui fuit là-bas?..

ENSEMBLE.

LES VIEILLARDS.

Vous le voyez, c'est le coupable!
Dina, suivante charitable,
Loin de nos yeux, guidait ses pas!

UNE PARTIE.

Plus de doute, c'est le coupable
Qui, loin de nous, portait ses pas.

DINA.

C'est un mensonge abominable!
Suzanne ne le connaît pas!

D'AUTRES.

Ce témoignage irrécusable
Vient augmenter leur embarras.

SUZANNE.

C'en est fait, la douleur m'accable,
Et l'on va m'accuser, hélas!

LES VIEILLARDS, entr'eux.

Pour nous, la chance est admirable!

(Haut.)

Vous le voyez, son crime est attesté.

(Riant à part.)

Sans le vouloir,
Sans le savoir,    nous avons dit la vérité.

SÉDÉCIAS.

Ainsi que notre loi l'ordonne,
Sur la place de Babylone,
Les pieds nus, on la conduira,
Et demain on la jugera.

TOUS.

O Ciel! ô Ciel! elle mourra.

SÉDÉCIAS.

Oui, lapidée; elle mourra
Comme meurt la femme adultère.

TOUS, l'accablant.

Adultère! adultère!! adultère!!!

SUZANNE.

De la vertu,
Moi, si jalouse,
Quoi! j'aurais pu,
Coupable épouse,
D'un saint devoir, j'aurais trahi la loi,
Non, non, non! j'en jure ici ma foi!

TOUS.

Elle a trahi sa foi!

LES VIEILLARDS ET LES HOMMES.

O désespoir!
Infamie!
Son devoir
Et sa vie,
Elle a tout oublié,
Non, non, point de pitié.

LES FEMMES.

O désespoir!
Quoi! sa vie,
Dès ce soir,
Est ternie!
Tout est donc oublié!..
Juges, prenez pitié!

DINA.

Dieu, tu peux voir
L'infamie.
Rends l'espoir
A sa vie.
Seigneur, prends en pitié
Le juste humilié.

SUZANNE.

Désespoir!
Infamie!
Mon devoir
Ni ma vie,
Je n'ai rien oublié.
Justice! et non pitié.

Suzanne s'évanouit dans les bras de ses compagnes. Tous les hommes la maudissent. — Tableau.

FIN DU DEUXIÈME ACTE.

# ACTE III.

LA VISION.

Une salle basse et voûtée du palais de Nabuchodonosor. Une porte à gauche; du même côté, un banc, un poteau de pierre, auquel sont attachés des chaîne. — Il fait nuit.

## SCÈNE I.

### DANIEL, seul.

Mon Dieu, ta clémence me quitte...
Je bénis ton courroux, quand il vient m'éprouver;
Mais Suzanne!.. leurs pas ont devancé ma fuite...
 Je l'ai perdue, en voulant la sauver!..
  Le parjure et la haine,
  Dans leurs complots jaloux,
  D'une apparence vaine
  Sont armés contre nous.
  Où trouver un refuge
  Contre tous nos malheur?..
  Mon Dieu, sois notre juge,
  Toi qui lis dans nos cœurs!
Et me voilà captif... pauvre enfant d'Israël...
Mes yeux ne verront plus la lumière du ciel!..

### AIR.

 Adieu, douce Chaldée,
  Terre accordée
  A nos douleurs!
 Oui, pour moi tout s'efface...
  Adieu l'espace,
  Adieu les fleurs.
  Pensée amère!
  Et vous, ma mère,
  Combien de fois
 Ma voix, que l'on arrête,
  Sera muette
  A votre voix!..
 A l'ombre du palmier,
  Adieu la source,
  Où, dans ma course,
 Je venais tout oublier.
  Mon troupeau tremble,
  Il se rassemble,
  Il cherche, il tremble...
  Mais, vœux superflus!
  Agneau timide,
  Hélas! ton guide
  Ne viendra plus!..
   Ah!..
 Adieu, sur la terre,
  Ma sœur, ma mère,
  Vous que j'aimais...
 Adieu, tourment extrême!
  Tout ce que j'aime,
  Et pour jamais!..

Et Joakim... mon noble maître...
Lui qui m'attend... qui m'accuse peut-être!..
  Mon âme va plier
  Sous ma douleur extrême...
  Hélas! je n'ai plus même
  La force de prier...

(Il tombe, abattu, sur le banc de pierre.)

La fatigue m'accable,
Et le repos me fuit...
Doit-on pleurer, la nuit,
Quand on n'est pas coupable?..
Sommeil, baume des cieux,
Dissipe mes allarmes;
Pour suspendre mes larmes,
Ferme un instant, mes yeux...
     (Sa voix s'affaiblit.)
Suzanne... Suzanne... pardonne...
Ah!.. l'espérance... m'abandonne...
     (Il s'endort.)
Des nuages enveloppent la scène.

## SCÈNE II.

### DANIEL, endormi; puis UN ANGE.

#### CHŒUR CÉLESTE.

Reprends courage, Daniel,
Espère, au nom de l'Éternel...
Le Seigneur, dont tu suis la loi,
  Veille sur toi,
  Marche avec toi.

UN ANGE, paraît au milieu des nuages, tenant une palme d'or.

Dieu se complait dans ta prière;
Il daigne sourire à tes chants.
Contre le juste, sur la terre,
En vain se liguent les méchans.
Au faible enfant, dans sa miséricorde,
Dieu sait donner la force et la vertu...
Par le pouvoir qu'à ton âme il accorde
 Tu verras le crime abattu...
 Espère en la sainte parole;
 Un ange, à l'heure du danger,
 Ceindra ton front de l'auréole,
Signe divin, qui doit te protéger!..

#### REPRISE DU CHŒUR CÉLESTE.

Reprends courage, Daniel;
Espère, au nom de l'Éternel...
Le Seigneur, dont tu suis la loi,
  Veille sur toi,
  Marche avec toi.

DANIEL, toujours endormi.

Seigneur, vous dont je suis la loi,
  Secourez-moi,
  Veillez sur moi...

(La musique continue. — La vision cesse. — L'ange s'éloigne au milieu des nuages qui se dissipent, et Daniel s'éveille.)

DANIEL, seul, il se lève et marche à grand pas.

Où suis-je?.. et quel espoir s'est fait jour dans mon
       (âme?..
  Une subite flamme
A passé dans mon cœur!.. ces visions étranges...
Qu'à mes yeux le réveil soudain vient d'enlever?..
C'est Dieu qui m'a parlé, par la voix de ses anges!..
C'est Dieu qui m'avertit que je puis tout braver!..

## SCÈNE III.

DANIEL; SÉDÉCIAS, arrivant par une porte qui s'ouvre à gauche.

SÉDÉCIAS, avec ironie.

Eh bien! te voilà donc, petit berger coupable,
Qui t'introduis dans un lieu consacré...

DANIEL, avec fierté.

Que voulez-vous?..

SÉDÉCIAS.

Réponds, un remords... véritable
Dans ton cœur a-t-il pénétré?

DANIEL..

Plus tard je répondrai.

SÉDÉCIAS.

Sais-tu quel penser condamnable
Te conseilla l'esprit malin?..

DANIEL., le regardant.

Et vous, vieillard?..

SÉDÉCIAS.

Sais-tu quel péché... détestable
Mérite un châtiment soudain?

DANIEL, indigné.

Et vous, vieillard?..

SÉDÉCIAS, se radoucissant.

### AIR.

Enfant, ton âge m'intéresse...
Je prends pitié de ta faiblesse!
Tes blonds cheveux...
De tes yeux bleus
La douce flamme,
Ont, malgré moi,
D'un tendre émoi
Touché mon âme,
Et demandé grâce pour toi.
Peut-être as-tu fait mal,
Hélas! par ignorance?..
Souvent trop d'innocence
Est aussi bien fatal...
Ah! j'ai pitié de ta faiblesse,
Oui, ton jeune âge m'intéresse...
D'une mort certaine
Que ta faute entraîne,
Pour te préserver,
Quelque soit ton crime,
Au bord de l'abîme,
Je veux te sauver.

DANIEL, passant à gauche.

Tant de clémence est noble et rare!..
Mais de votre pitié, moi, je n'ai pas besoin.

SÉDÉCIAS.

Au jugement qui se prépare
Tu seras principal témoin...

DANIEL.

Oui, témoin du mensonge... appui de l'innocence!

SÉDÉCIAS.

Dis avec nous la vérité...
De mille talens d'or je te fais don, d'avance.

DANIEL.

Je parlerai, selon ma conscience,
Gardez votre or!..

SÉDÉCIAS.

Quelle témérité!..

DANIEL.

Gardez votre or... la vérité
N'a pas besoin de récompense!

### DUO.

SÉDÉCIAS.

Il est bien fier pour un berger...
Tant d'audace
A la fin me lasse...
Malheur, malheur, à qui veut m'outrager...
Nous sommes deux pour nous venger.

DANIEL.

Dieu soutient le petit berger,
Avec audace
Il brave ta menace!..
Malheur, malheur, à qui veut l'outrager!
(A lui-même.)
Son ange est là pour le venger

SÉDÉCIAS.

Puisque tu méconnais, ingrat, notre clémence,
Nous saurons bien te réduire au silence...
Au tribunal tu ne paraîtras pas!
Sous le poids de ton crime et de notre vengeance,
Nous allons te livrer, pour prix de ton offense,
Au jugement du roi... c'est-à-dire au trépas!

DANIEL.

Me voilà, je suis prêt... qu'on me mène au supplice...
Mais devenir votre complice!
Plutôt cent fois la mort!..

SÉDÉCIAS.

Tes vœux seront comblés... Nabuchodonosor,
Irrité par un songe, aux funestes présages,
A fait massacrer tous ses mages...
Et tu vas partager leur sort!..

DANIEL.

Un songe, dites-vous?..

SÉDÉCIAS.

Oui, que nul ne devine...

DANIEL, à lui-même.

Si je pouvais!.. ô science divine,
Inspire-moi, viens à notre secours...
Aide-moi de Suzanne à préserver les jours!..
(Haut.)
Eh bien, qu'attendez-vous?.. achevez votre ouvrage...
Qu'on me livre au tyran! qu'on me charge de fers!
Rien ne pourra jamais altérer mon langage;
Jusqu'au dernier soupir craignez mon témoignage,
Qui poursuivra tous vos desseins pervers!

SÉDÉCIAS, allant ouvrir la porte de gauche.

Tu le veux?.. d'un enfant c'est trop souffrir l'outrage!
Gardes, saisissez-le, qu'il soit chargé de fers!
Qu'on l'entraîne au palais, sa mort est son ouvrage...
Nous saurons, avant peu, braver ton témoignage
Et tes desseins pervers!..

DANIEL.

L'espérance est rendue
Au cœur du faible enfant;
Une force inconnue
Me soutient, me défend.
Oui, mon ange m'appelle,
Il excite mon zèle,
Il me voit, il m'entend!..
Je ris de sa menace,
Je ris de son audace,
La même voix encor

Me répète : « Courage,
» Achève ton ouvrage,
» Dieu veille sur ton sort.
» Dieu, de qui tout émane,
» Ramènera tes pas,
» Pour sauver à Suzanne
» La honte et le trépas ! »

SÉDÉCIAS.

Oui, Suzanne est perdue,
Avec ce faible enfant ;
Et sa voix méconnue
Seule en vain la défend.
Nul, grâce à notre zèle,
Ne parlera pour elle...

De nous elle dépend.
Ce berger, sa menace,
Jointe à sa jeune audace,
M'ont fait trembler d'abord ;
Mais je reprends courage,
Je ris de son outrage,
Car il marche à la mort.
De nous deux seuls émane
La honte, le trépas...
C'en est fait de Suzanne !..
Il ne reviendra pas !..

( Sur un geste de Sédécias, des gardes qui ont paru font signe
à Daniel de les suivre. — Celui-ci marche fièrement devant
eux. — Le rideau tombe. )

FIN DU TROISIÈME ACTE.

# ACTE IV.

LE JUGEMENT.

Une place de Babylone, immense, et la plus profonde possible. Cette décoration doit présenter un aspect grandiose qui donne une idée de la ville aux jardins suspendus dans les airs. A gauche, une estrade est disposée pour recevoir les magistrats du peuple. — A droite du public, une belle fontaine. — Un effet de point du jour ou de soleil levant.

## SCÈNE I.

### JEUNES FILLES, SERVANTES,

Portant des cruches, des vases de terre et de forme antique.

PREMIÈRE SERVANTE.

Pauvre servante, à perdre haleine
Et sans pouvoir se reposer,
Il faut courir à la fontaine,
Où l'on nous permet de puiser...

CHŒUR.

Grâce au Ciel, voici la fontaine
Où l'on nous permet de puiser !

PREMIÈRE SERVANTE OU LE CHŒUR.

Quand un ange montra la source
    A son regard,
Moins heureuse était dans sa course,
    La pauvre Agar !
Pauvre servante, à perdre haleine, etc.
On peut du moins reprendre haleine,
Placer sa cruche et puis causer,
On peut, avant qu'elle soit pleine,
    Se reposer
    Et puis jaser.
    — Savez-vous la nouvelle ?

LES UNES.

    Moi ? mais non !
Que dit-on ? que dit-on ? Tu sais une nouvelle,

LES AUTRES.

Et laquelle ? et laquelle ?

PREMIÈRE SERVANTE.

Vous n'en direz rien ?

TOUTES.

        Non.
Que dit-on ? que dit-on ?

PREMIÈRE SERVANTE.

On dit que Suzanne, si belle,
Qui de chaste a le nom ,

N'est plus qu'une infidèle...
Au palais, hier soir,
Un amant s'est fait voir...

D'AUTRES.

Quoi vraiment ?

LA PREMIÈRE.

Oui vraiment ! c'est ce que dit chacun...

D'AUTRES.

Ah ! rien qu'un ? mais rien qu'un ?..

LES UNES.

On dit deux, au lieu d'un.

LES AUTRES.

Tout à l'heure, je crois ,
On m'en a cité trois !

LES UNES.

Qui dit cela ?

LES AUTRES.

Peut-on dire cela ?

LES UNES.

C'est Rachel...

LES AUTRES.

        C'est Sara !
Je le tiens de Judith ,
Je l'ai su par Édith.

UNE JEUNE FILLE, montrant sa cruche.

Ah ! la vertu,
C'est bien connu,
Est plus fragile,
Quand nous glissons,
Que cette argile,
Où nous puisons.

DES AUTRES

Mais ce propos
Peut-être faux !

LES UNES.

Non, par malheur...

LES AUTRES.

        Mais on verra.

**Justement, c'est Dina !**

TOUTES, la voyant venir.

C'est Dina ! c'est Dina !
Qui nous dira cela.

## SCÈNE II.

LES MÊMES, DINA.

TOUTES.

Bonjour, chère Dina !
Savez-vous la nouvelle,
Que chacun dit déjà ?

DINA.

Hélas ! elle est réelle
Et ma douleur mortelle.
Ici, vous l'apprendra.

**AIR.**

O ma pauvre maîtresse,
Quel sera son danger,
Si le petit berger
Que j'appelle sans cesse,
    Hélas !
    Ne revient pas.
Ah ! répondez, de grâce,
Qu'est-il donc devenu ?
En chemin, sur la place,
Ne l'avez-vous pas vu ?
O ma pauvre maîtresse, etc.
    Son timide langage
    Respire la candeur...
Ah ! quand on a cet âge,
Avec ce doux visage,
On n'est jamais menteur !

CHOEUR.

    Ah ! quel langage !
    Ah ! quelle erreur !
    L'homme à tout âge
    Est un menteur.

DINA.

O ma pauvre maîtresse ;
Mais j'en ai la promesse ;
    Il reviendra.
    Je le sens là ;
    Il reviendra.

LES FEMMES.

Entendez-vous ce lugubre signal ?

DINA.

Qu'entends-je, ô Ciel, déjà le tribunal.

PARTIE DU PEUPLE, accourant en avant.

Du peuple hébreu, voici le tribunal,
    Les juges, les soldats !
    Voyez, la foule immense
    Se presse sur leurs pas !

LES SOLDATS.

    Rangez-vous en silence,
    Le tribunal s'avance !

TOUS.

Silence ! silence ! silence !

Les soldats précèdent les juges ; les enfants, les vieillards, les femmes
suivent... On fait ranger la foule pendant que les autres juges se
placent. Achab et Sédécias se rejoignent et se promènent à part.

## SCÈNE III.

LE PEUPLE, garnissant tout le côté opposé à celui
où les juges et les sages sont assis ; LES GARDES,
LES PARENS, LES SERVITEURS de Suzanne,
arrivent les derniers dans l'attitude de la douleur ;
SÉDÉCIAS, ACHAB.

LES SAGES et LES VIEILLARDS.

Le tribunal va rendre un arrêt solennel...
A la face de tous, aux yeux de l'Éternel !

LE PEUPLE répète.

Des lois du peuple, organes révérés,
Pour les Hébreux vos arrêts sont sacrés !

SÉDÉCIAS, à haute voix.

Au nom d'Achab...

ACHAB, d'un ton moins assuré.

        Comment !.. Et de Sédécias.

TOUS DEUX.

Gardes, allez quérir la fille d'Helcias ;
    Le tribunal la réclame,
Voilée, et les pieds nus, amenez cette femme,
    Au nom d'Achab et de Sédécias !

ACHAB, ému, à mi-voix.

Nous allons donc consommer l'injustice ?

SÉDÉCIAS, plus ferme et bas.

    On ne peut agir à demi !

ACHAB.

    Hélas !.. vraiment, mon cher complice.
Le croirez-vous, je n'en ai pas dormi !
    J'en suis pâle... voyez ma face !

SÉDÉCIAS.

    Allons donc... plus de fermeté !
    Nous ne pouvons lui faire grace...
    Aimez-vous mieux prendre sa place ?

ACHAB.

Non pas ! non pas !...

SÉDÉCIAS, avec ironie.

        Alors, calmez votre bonté !

ACHAB.

    Mais, à sa mort, lorsque je songe...
Mentir ainsi... c'est une cruauté !..

SÉDÉCIAS.

En sachant bien soutenir un mensonge
    On en fait une vérité.

## SCÈNE IV.

LES MÊMES, SUZANNE, les pieds nus et voilée en
blanc ; elle est conduite par les gardes. Mouve-
mens divers dans toute l'assemblée. les uns en
intérêt, les autres en indignation.

LES UNS.

La voilà, cette pauvre femme.

LES PARENS ET DINA.

Son aspect déchire mon âme.

LES AUTRES.

La voilà, la coupable femme.
Que le remords entre en son âme.

LES JUGES ET QUELQUES ASSISTANS.

Ne pleurez pas, elle est infâme !

SUZANNE.

Oh! mon Dieu, soutenez mon ame!

LES VIEILLARDS, LES SAGES, LES GARDES.

Hommes, femmes, enfans, taisez-vous!..
Avec respect, écoutez-nous!..

SÉDÉCIAS.

Avant que, de nos lois, le saint livre ne s'ouvre,
Suzanne, aux yeux de tous, que ton front se découvre!

ACHAB.

Oui, que son voile soit ôté...
(A part.)
Nous pourrons nous repaître encore de sa beauté!
(Chacun d'eux va d'un côté, et lui ôte son voile avec un mouve-
ment de plaisir.)

SUZANNE.

**AIR.**

C'est justice, et non clémence,
Qu'à tes genoux, je demande, Seigneur;
Et je dis, en toute innocence,
Prends ma vie et rends-moi l'honneur.
Si, dans ce jour, il faut que je succombe,
Dieu tout puissant, fait que, sur mon tombeau,
Paraisse une blanche colombe
Apportaut le divin rameau;
Et que, d'une voix éclatante,
Un chérubin aux ailes d'or,
Demain, aux Hébreux, dise encor:
Suzanne mourut innocente!

LES PARENS ET DINA.

Ah! combien mon ame est émue.

Pour  elle  ah! quelle honte.
     nous

LES AUTRES, la regardant curieusement.

Elle ne paraît point émue;
Son beau front ne se trouble pas.

ACHAB.

Ah! combien mon ame est émue.
Dieu! que de grace, que d'appas.
Je ne puis soutenir sa vue.

SÉDÉCIAS.

Eh bien! ne la regardez pas!
ACHAB, à Sédécias, en désignant Suzanne.

A la pitié, mon cœur m'exhorte.
Quoi! perdre à jamais tout cela!..
SADÉCIAS, d'un air farouche.

Du moins, quand elle sera morte,
Aucun ne la possédera.
(Il remonte la scène en élevant la voix.)
Peuple, écoutez!..

VOIX DU PEUPLE.

Nous écoutons.

SUZANNE.

Oserez-vous encore?

SÉDÉCIAS.

Ici, nous parlerons
D'une voix haute...
ACHAB, tremblottant, embarrassé.

Et... fer...me... oui... nous accuserons...
SÉDÉCIAS, le poussant.

Ce crime affreux vous trouble, ô mon digne collègue.
(A part en voyant les efforts que fait Achab.)
Comme Moïse, il devient bègue!
(Avec force, en montrant Suzanne.)
Du noble Joakim, en souillant la maison,

L'épouse devint infidèle;
L'enceinte de l'ablution
Fut profanée, hier, par elle!..

SÉDÉCIAS.

Nous sommes témoins de ce fait,
Et nous attestons ce forfait.

TOUS DEUX.

Quelqu'un osera-t-il dénier ce forfait?
Parlez!

LES UNS.

Parlez!

LES AUTRES.

Parlez!
           (Un silence.)

SÉDÉCIAS.

Tout le peuple se tait.
Vous le voyez, les bouches sont muettes.

SUZANNE.

Ne m'enverrez-vous point vos divins interprètes,
O Dieu qui connaissez toutes choses secrètes?

TOUS LES CHŒURS.

De la loi des hébreux ils sont les interprètes.

DINA avec résolution.

Non, non, par une fausse honte
C'est trop me laisser arrêter:
         (Elle s'avance.)
Peuple, juges, daignez m'écouter!
LES DEUX VIEILLARDS, hypocritement.

Pouvoir la retrouver innocente,
Voilà le plus cher de nos vœux.

LES UNS.

De Suzanne, c'est la suivante.
Qui va faire quelques aveux.

LES AUTRES.

C'est sa fidèle confidente;
Parlez, rendez-vous à ses vœux.
SUZANNE, surprise.

Dina... quelle est donc ton attente?
O Dina, tais-toi, je le veux!

DINA.

De parler le besoin m'oppresse...
Pardonnez, ma chère maîtresse!
Ce berger... qu'on surprit, j'en jure ici ma foi,
Ce berger... au jardin n'est venu que pour moi.

LES UNS.

Quoi, pour elle?

DINA.

Oui, pour moi.
LES DEUX VIEILLARDS.

Dérision!.. c'est une fable.
LES CHŒURS, en sens inverse.

Mais pourquoi non? — C'est incroyable!
SÉDÉCIAS, montrant ses amis.

S'il n'était son amant coupable,
Pourquoi se serait-il enfui?

LES JUGES.

C'est juste, on le verrait ici.

LES CHŒURS.

C'est vrai, nous le verrions ici.

DINA.

C'est un enfant; de peur il aura fui!
Il reviendra, je l'espère... aujourd'hui.

LES DEUX VIEILLARDS.

La pauvre enfant compte sur lui!

DINA.

Il va venir...

LES VIEUX.

Compte sur lui.

SÉDÉCIAS.

Elle ment.
Son amant !
La ruse est par trop claire ;
Pour être ton amant,
Faut-il tant
De mystère ;
Faut-il dans le jardin,
Près du bain,
Se cacher.
Pour nous tromper, tu peux encor chercher.

LE CHOEUR.

Dans les jardins secrets, oui, que venait-il faire ?

DINA.

S'il ne faut rien vous taire,
Eh bien ! eh bien !..

TOUS, excepté Suzanne.

Parle et ne cache rien...
Eh bien ! eh bien !..
Mais ce secret n'est pas le mien :
Il apportait pour ma maîtresse...

LES VIEILLARDS.

Ah ! ah ! voyez-vous la traîtresse !
Ce n'est donc plus pour toi ?

SUZANNE, à part.

Elle va dire... Ah ! quel effroi !

DINA.

Il apportait un anneau.

TOUS.

Un anneau !

SUZANNE.

Dieu ! tais-toi !

LES VIEILLARDS.

Non pour toi, mais pour ta maîtresse !

DINA.

Oui !

SUZANNE.

Je tombe à tes genoux.
Silence ! ou tu perds à jamais mon époux !

DINA, s'arrêtant toute saisie.

Oh ! mon Dieu ! que me dites-vous ?

TOUS.

Voyez Suzanne à ses genoux.
Voyez, elle est

LES DEUX VIEILLARDS.

La vérité s'est fait jour dans son âme :
Ce berger, c'était bien l'amant de cette femme.

CHOEUR.

C'était bien son amant... Oh ! la coupable femme !

DINA.

Et je ne puis parler... Oh ! malheureuse femme !

LES AUTRES.

Quoi, c'était un amant ! Oh ! malheureuse femme !

SUZANNE, à part.

En le sauvant, restons digne d'être sa femme.

TOUS LES AMIS.

O jour affreux !

LES ENNEMIS.

O crime affreux !

LES DEUX VIEILLARDS.

O sort heureux !

DINA.

Secret affreux !

LE PREMIER JUGE.

Peuple, captif dans Babylone,
Ainsi que votre loi l'ordonne,
Son arrêt est rendu, rien ne la sauvera :
Au supplice on la conduira.
Et le peuple l'insultera,
Et, devant sa fille, la mère,
Comme exemple, la maudira ;
Pour but à sa fronde légère
Le jeune enfant la choisira.

LE CHOEUR.

Pour but à sa fronde légère
Le jeune enfant etc.

LE PREMIER JUGE.

Et sa beauté, dont elle était si fière,
Sous les cailloux sanglans bientôt s'effacera.

LE CHOEUR.

O ciel ! ô ciel !
C'est bien, elle mourra !
(Roulement funèbre, pendant lequel on jette sur la tête de Suzanne le voile noir des condamnés.)

## SCÈNE V.

LES MÊMES, DANIEL, paraissant tout-à-coup, au milieu de la foule.

DANIEL, en habit de mage.

Infâmes imposteurs !.. cessez vos cris de mort !

DINA.

Le berger ! ô transport !

TOUS.

Le berger !

SUZANNE.

Dieu voudrait-il changer mon sort ?

LES DEUX VIEILLARDS, effrayés, étonnés,

Comment, comment... il n'est pas mort ?

DANIEL.

L'ange qui m'apparut, m'a sauvé de la mort !..
Peuple !.. je me défends d'un jugement infâme
Et Dieu m'envoie ici, pour sauver cette femme.

ACHAB et SÉDÉCIAS, se démenant auprès de la foule.

N'écoutez pas ce perfide étranger !..

LE CHOEUR.

C'est un chaldéen, un berger !

DANIEL.

Vieillards !.. je suis l'orphelin Daniel,
Je descends des rois d'Israël,
Par ma voix, va parler le Ciel !

TOUT LE PEUPLE.

Parlez, parlez, ô jeune Daniel !

DANIEL.

Pour juger, à leur tour, ici, les imposteurs,
Qu'on sépare un instant, les deux accusateurs,

LES DEUX VIEILLARDS.

Souffrirez-vous, l'affront qu'il veut nous faire,

DANIEL, ET UNE PARTIE DES CHŒURS.

Obéissez, ô juges de la terre,
Soumettez-vous à l'envoyé du Ciel.

LES DEUX VIEILLARDS, se tenant enlacés et courant pour éviter qu'on les sépare.

Jamais! jamais!.. enfant de Jézabel!

LE CHŒUR DES ENNEMIS DE SUZANNE.

Vous écoutez ce fils de Jésabel.

LES JUGES, de leur estrade, à Daniel, l'invitant à s'asseoir.

Viens parmi nous, toi qu'inspire le Ciel.

(Les vieillards qui ne voulaient pas être séparés et qui cherchaient à animer le peuple divisé en deux parties sont séparés par les gardes, et forcés de se quitter.)

(On emmène Achab hors de la scène, pendant ce mouvement, on a fait placer Daniel sur l'estrade, parmi les juges qui sont assis; lui, reste debout, et domine l'assemblée.)

## SCÈNE VI.

LES MÊMES, excepté Achab, et quelques gardes, Sédécias se trouve alors isolé au milieu de la scène, et fait bonne contenance.)

DANIEL.

De l'honneur et du ciel, vous qui faites mépris,
Parlez... près de Suzanne, où m'avez-vous surpris?

SÉDÉCIAS, avec dédain.

Tu le sais bien!

DANIEL et LE CHŒUR, avec force.

Parlez! où m'avez-vous surpris.
où l'avez-vous

SÉDÉCIAS, qui a eu le temps de réfléchir, dit d'un ton assuré.

C'était... sous un palmier... du côté de l'aurore!..

DANIEL, à tout le monde qui répète.

Sous un palmier!..

TOUS.

Du côté de l'aurore!

DANIEL, aux gardes.

Que l'on ramène Achab.

## SCÈNE VII.

LES MÊMES, LES GARDES ramenant ACHAB, il entre effaré, et court du côté de Sédécias pour tâcher de lui dire un mot; mais on entraîne celui-ci sur le devant de la scène à gauche, et à son tour, Achab se trouve isolé près de l'estrade et dans une vive anxiété.

DANIEL.

Toi, que le peuple honore,
O vieillard plein d'honneur... si tu ne t'es mépris,
Dis-nous, près de Suzanne, où donc m'as-tu surpris.

ACHAB, regardant, tout troublé autour de lui.

Près de Suzanne, quoi?.. je n'ai pas bien compris?

DANIEL et TOUT LE MONDE, avec force.

Parlez! près de Suzanne, où m'avez-vous surpris?
où l'avez-vous

ACHAB.

Ah! oui... j'entends... je vais rappeler mes esprits.
C'était... voilà... j'y suis.

TOUS.

Répondez sur-le-champ.

ACHAB.

C'était... sous un figuier... du côté... du couchant...

SÉDÉCIAS, s'oubliant.

Et j'ai dit un palmier... oh! vieillard imbécille!

ACHAB, désolé.

Que dit-il... un palmier!.. c'était bien plus facile!

TOUS, s'agitant.

Sous un figuier!.. au couchant,
Sous un palmier!.. à l'aurore.

DANIEL.

Quelle preuve faut-il encore?
Leur bouche a révélé leur complot odieux!

LES DEUX VIEILLARDS.

Permettez... écoutez,

DANIEL.

Tais-toi, juge imposteur,
Tremblez... voici venir l'ange exterminateur.

(Il descend majestueusement et s'avance.)

ACHAB, tombe à genoux épouvanté.

Grâce! grâce!.. pardon... et je vais tout vous dire,
Sédécias l'aimait!

SÉDÉCIAS, furieux.

Ah! il est en délire!

TOUS DEUX, alternativement.

Il m'avait
— Fait jurer
— D'accuser
— Aujourd'hui,
Suzanne près de vous,
— Non,
— Non,
— C'est vous,
— C'est lui!

TOUS.

Abominable ruse,
Pouvoir d'un Dieu vengeur,
Chacun des deux s'accuse.

DANIEL.

Suzanne a retrouvé l'honneur.

SÉDÉCIAS, plus furieux.

Et quand il serait vrai! ce vieillard en démence,
De Suzanne, aujourd'hui, prouve-t-il l'innocence?
Et l'anneau d'un amant! ici, l'oubliez-vous?

DANIEL.

C'était l'anneau de son époux!

TOUS.

De Joakim!

SÉDÉCIAS, avec une joie méchante.

De ce chef de proscrits?
Et dont la tête est mise à prix?
Courons le dénoncer au Roi...
Malheur à lui!

DANIEL.

Malheur, à vous, hommes sans foi!
Joakim est sauvé!

TOUS.

Ciel, serait-il possible!

DANIEL.

Le roi, dans son sommeil, a fait un songe horrible,
Seul, j'en ai deviné le langage terrible...
Dans sa reconnaissance,
Il a dit parle donc,
Pour prix de ta science...
Enfant, je veux te faire un don...
Votre plus beau trésor, Prince, c'est la clémence,
Du proscrit Joakim, donnez-moi le pardon!

TOUS.

O Daniel, tes accents sont divins.

DINA.

En l'écoutant, je l'aime davantage.

TOUS.

Il est prophète, honneur au jeune mage!

DANIEL.

Oui, le roi m'a nommé le chef de ses devins.

SUZANNE.

Je vais donc le revoir.
  Au doux espoir,
Ah! mon âme se livre!
Enfin, je vais donc le revoir?
Ah! de bonheur, déjà mon cœur s'enivre,
  O mon libérateur!
  Tu m'as rendu l'honneur!

ACHAB, ET SÉDÉCIAS, à part, tremblants.

Si nous pouvions nous en aller,
A la foule, il faut nous mêler.

ACHAB.

Si l'on voulait nous renvoyer.

SÉDÉCIAS.

Si l'on pouvait nous oublier!

CHŒUR, les menaçant.

Il faut qu'ils soient punis! qu'à la mort on les livre!

LES VIEILLARDS.

A la mort! à la mort! attendez, soyez bons!
  Deux pauvres vieux barbons?
  Hélas, nous cesserons,
  Bientôt, bientôt de vivre...
  Nous vous le promettons!

DANIEL, et le premier juge.

De leur présence... allez... que l'exil nous délivre.

LES DEUX VIEILLARDS, enchantés.

Demain, demain, nous partirons,
Et bien loin, bien loin, nous irons.

(Ils sortent vivement, poursuivis par la foule. Tout-à-coup, on entend dans le lointain, une musique éclatante et guerrière.)

TOUS, écoutant.

Quel son joyeux au loin résonne?

DANIEL, triomphant, à Suzanne.

C'est Joakim! rentrant aux murs de Babylone!

TOUS, avec le plus grand de joie.

HOSANNA! HOSANNA!

Entendez-vous les trompes de Juda!

(Tous, par un mouvement spontané se précipitent à genoux en élevant les bras au Ciel, et en criant.)

JEHOVA! JEHOVA!


CHŒUR FINAL.

Chantez, fils d'Israël,
La basse calomnie,
Confondue et punie,
  Au soldat d'Israël,
  L'épouse réunie,
Et la gloire infinie
  De l'éternel.


FIN